essentials

Essentials liefern aktuelles Wissen in konzentrierter Form. Die Essenz dessen, worauf es als „State-of-the-Art" in der gegenwärtigen Fachdiskussion oder in der Praxis ankommt. Essentials informieren schnell, unkompliziert und verständlich

- als Einführung in ein aktuelles Thema aus Ihrem Fachgebiet
- als Einstieg in ein für Sie noch unbekanntes Themenfeld
- als Einblick, um zum Thema mitreden zu können

Die Bücher in elektronischer und gedruckter Form bringen das Expertenwissen von Springer-Fachautoren kompakt zur Darstellung. Sie sind besonders für die Nutzung als eBook auf Tablet-PCs, eBook-Readern und Smartphones geeignet.

Essentials: Wissensbausteine aus den Wirtschafts, Sozial- und Geisteswissenschaften, aus Technik und Naturwissenschaften sowie aus Medizin, Psychologie und Gesundheitsberufen. Von renommierten Autoren aller Springer-Verlagsmarken.

Caroline Preidel

Sterbehilfepolitik in Deutschland

Eine Einführung

Caroline Preidel
Ludwig-Maximilians-Universität
München
Deutschland

ISSN 2197-6708 ISSN 2197-6716 (electronic)
essentials
ISBN 978-3-658-10370-5 ISBN 978-3-658-10371-2 (eBook)
DOI 10.1007/978-3-658-10371-2

Die Deutsche Nationalbibliothek verzeichnet diese Publikation in der Deutschen Nationalbibliografie; detaillierte bibliografische Daten sind im Internet über http://dnb.d-nb.de abrufbar.

Springer VS

Gedruckt auf säurefreiem und chlorfrei gebleichtem Papier

Springer Fachmedien Wiesbaden ist Teil der Fachverlagsgruppe Springer Science+Business Media
(www.springer.com)

Vorwort

Das Essential befasst sich mit der Sterbehilfepolitik in Deutschland und gibt gemeinsam mit den Essentials von Emma Budde und Eva-Maria Euchner zur deutschen Abtreibungs- und Prostitutionspolitik eine Einführung in verschiedene Felder der deutschen Moralpolitik. Grundlage für die vorliegende Publikation bildet der Beitrag „Last-Exit Gewissensentscheidung. Die Regulierung von Sterbehilfe" von Kerstin Nebel und mir, der Teil des Sammelbands „Moralpolitik in Deutschland" ist. Der Sammelband wurde von Christoph Knill, Stephan Heichel, Kerstin Nebel und mir im Januar 2015 im Verlag Springer VS herausgegeben.

Wie der Sammelband ist auch der vorliegende Beitrag im Rahmen des Forschungsprojektes MORAPOL entstanden, dessen Vorhaben es ist den Wandel unterschiedlicher Moralpolitiken für 26 Staaten über einen Zeitraum von 50 Jahren (1960–2010) zu erheben und zu untersuchen. Im Fokus der Analyse sind nicht nur Staaten der Europäischen Union und des OECD-Raums, sondern auch Brasilien, China, Chile, Indien, Israel, Russland, Südafrika und die Türkei. Insgesamt werden neun Politikfelder betrachtet, denen zu einem unterschiedlichen Grad ein gesellschaftlicher Wertkonflikt zugrunde liegt. Hierzu zählen die Themen Sterbehilfe, Schwangerschaftsabbruch, Prostitution, Pornographie, gleichgeschlechtliche Partnerschaften, Drogenkonsum, Glücksspiel und Waffenrecht. Das Projekt wird seit 2010 bis 2016 durch den „European Research Council Advanced Grant" gefördert. Dementsprechend gilt mein besonderer Dank dem Europäischen Forschungsrat und Professor Dr. Christoph Knill, der die Leitung des Projektes innehat.

München
April 2015

Caroline Preidel

Was sie in diesem Essential finden können …

- Eine Überblick über die verschiedenen Formen der Sterbehilfe
- Eine Darlegung der Werte und Interessen, welche in die Debatte zum Verbot und der Zulassung von Sterbehilfe einfließen
- Einen Zusammenstellung der verschiedenen Gesetzgebungen in Europa zur Regelung der Sterbehilfe von 1960 bis 2010
- Eine detaillierte Darstellung der Geschichte Deutschlands in der Regulierung der Sterbehilfe seit 1960
- Eine Ursachenanalyse für die Reformbewegungen Deutschlands in der Sterbehilfepolitik

Inhaltsverzeichnis

1 Einleitung 1

2 Sterbehilfe: Verschiedene Formen des assistierten Tods 3

3 Die Debatte zur Erlaubnis der Sterbehilfe 5

4 Sterbehilfe in Europa 9

5 Die deutsche Regulierungsgeschichte 13

6 Ursachenanalyse 21

7 Fazit 27

Was sie aus diesem Essential mitnehmen können 31

Zum Weiterlesen 33

Einleitung 1

„Mein Ende gehört mir" – mit diesem Slogan zeigten sich im Herbst 2014 prominente Persönlichkeiten auf Plakaten in den Städten Frankfurt am Main und Berlin, um sich gegen eine striktere Regelung des assistierten Suizids und der organisierten Sterbehilfe auszusprechen. Hinter dieser Aktion stand das *Bündnis für Selbstbestimmung bis zum Lebensende*, das unter anderem vom *Humanistischen Verband Deutschlands*, der *Deutschen Gesellschaft für Humanes Sterben* und vom *Koordinierungsrat säkularer Organisationen* getragen wird. Vor einigen Jahren wäre eine derartige Kampagne in Deutschland nicht denkbar gewesen. Durch die generelle Ignoranz von Tod und Sterben in der Gesellschaft und das nationalsozialistische Euthanasieprogramm, galt die Sterbehilfe als Tabu. Dieser Konsens, der sich nach dem Ende des Zweiten Weltkriegs in der deutschen Bevölkerung gefestigt hatte, verliert allerdings in der heutigen Zeit an Bedeutung. Gemäß einer repräsentativen Umfrage des Instituts für Demoskopie Allensbach aus dem Jahr 2014 befürwortet eine klare Mehrheit die Legalisierung der aktiven Sterbehilfe, der organisierten Beihilfe beim Freitod und der passiven Sterbehilfe, d. h. des Abbruchs lebensverlängernder Maßnahmen auf Wunsch des Patienten.[1]

Entscheidend für diesen Wandel ist nicht nur der zunehmende Drang nach persönlicher Selbstbestimmung, welche sich in der Gesellschaft abzeichnet, sondern auch der technologische Fortschritt in der Medizin. So wurde die medizinische Versorgung durch die Entwicklung und Verbesserung von Medikamenten und die technischen Errungenschaften in der Intensivmedizin optimiert. Im Zuge dessen haben sich die Möglichkeiten erweitert, menschliches Leben zu erhalten und zu verlängern. Gleichzeitig haben sie eine kontroverse und wertgeladene Debatte provoziert,

[1] Institut für Demoskopie Allensbach (2014) Allensbacher Kurzbericht; 6. Okt 2014. http://www.ifd-allensbach.de/uploads/tx_reportsndocs/KB_2014_02.pdf. Zugegriffen: 13. April 2015.

C. Preidel, *Sterbehilfepolitik in Deutschland,* essentials,
DOI 10.1007/978-3-658-10371-2_1

bis zu welchem Gesundheitsstatus das menschliche Leben noch lebenswürdig ist und wieviel Souveränität der Einzelne besitzt, mit Hilfe eines Dritten seinem Leben ein Ende zu setzen. Dementsprechend stellt die deutsche Sterbehilfepolitik eine klassische Moralpolitik dar, in der sich zwei Konfliktparteien unversöhnlich gegenüberstehen. Während die einen den Wert des menschlichen Lebens hochhalten und es ablehnen, dass Sterbewillige ihren Tod mit der Unterstützung eines Sterbehelfers herbeiführen, machen sich die anderen für eine Liberalisierung stark.

Kompromisse sind in dieser Auseinandersetzung undenkbar, so dass auch die Politik das Thema nur ungern aufgreift. Die Sterbehilfe wird im deutschen Recht nicht explizit erwähnt und geregelt. Trotz der Fortschritte in der Medizin und des gesellschaftlichen Wertewandels gelten weiterhin Regeln des Reichsstrafgesetzbuches von 1871, welche die aktive Sterbehilfe eindeutig verbieten, aber den assistierten Suizid und die passive Sterbehilfe nur implizit unter Strafe stellen. Allein im Jahr 2009 führte man nach langem Ringen um einen tragfähigen Kompromiss schriftliche Patientenverfügungen ein, welche es den in Sterben liegenden Patienten ermöglichen, vorab zu definieren, ab wann sie eine medizinische Behandlung abbrechen möchten (Preidel und Nebel 2015).

Im Folgenden soll ein Überblick über die deutsche Sterbehilfepolitik gegeben werden. Hierfür wird zunächst in Kap. 2 genauer definiert, welche Formen der Sterbehilfe es gibt. So zählen zu diesem Politikfeld nicht nur die Regulierung der passiven und aktiven Sterbehilfe, sondern auch die des assistierten Suizids. Darauf aufbauend widmet sich Kap. 3 den Konfliktdimensionen, welche das Politikfeld umfasst. So berührt die deutsche Sterbehilfedebatte zum einen das Prinzip der Menschenwürde, wonach dem menschlichen Leben ein spezifischer Wert zukommt und jede Person selbstbestimmt über ihr Leben entscheiden kann. Zum anderen tangiert die Debatte die Maxime des ärztlichen Heilungsauftrags, die Frage nach dem Umgang mit dem nationalsozialistischen Erbe sowie ökonomische Interessen. Wie Deutschland und die anderen Länder Europas mit diesem moralisch aufgeladenen und komplexen Thema umgehen, beleuchten Kap. 4 und 5. So gibt zunächst Kap. 4 einen Überblick über die Regulierung der Sterbehilfe in Europa. Daran schließt sich in Kap. 5 eine genaue Darlegung der deutschen Regulierungsgeschichte an. Hierbei kristallisiert sich heraus, dass die deutsche Sterbehilfepolitik durch eine ausgeprägte Reformbehäbigkeit geprägt ist. Die Ursachenanalyse in Kap. 6 verdeutlicht, dass diese Trägheit nicht nur der historischen Erblast Deutschlands und dem geringen Organisationsgrad der Liberalisierungsbefürworter geschuldet ist, sondern sie resultiert auch aus der Pattsituation zwischen den Interessen der politischen Entscheidungsträger und Ärzte, welche die zentralen Akteure in der Sterbehilfepolitik darstellen. Das abschließende Kap. 7 zieht ein Fazit und gibt einen Ausblick.

2 Sterbehilfe: Verschiedene Formen des assistierten Tods

Die Sterbehilfe umschreibt Handlungen, welche eine Person tätigt, um eine sterbewillige Person darin zu unterstützen, den Todeswunsch umzusetzen. Diese reichen von der einfachen Bereitstellungen von Tötungsmitteln bis hin zur aktiven Tötung der Person. Gemäß Oduncu (2005) kann man zwischen drei verschiedenen Formen unterscheiden: der aktiven Sterbehilfe, dem assistierten Suizid und der passiven Sterbehilfe. Die passive Sterbehilfe stellt die einfachste Form der drei Arten dar. In diesem Fall handelt sich um eine Person, die durch eine medizinische Behandlung künstlich am Leben gehalten wird, beispielsweise durch den Einsatz einer Magensonde, welche die Nahrungszufuhr sicherstellt, oder einer Dialyse. Wenn der behandelnde Arzt auf Wunsch des Patienten die lebenserhaltenden Maßnahmen beendet und dadurch den Tod des Patienten herbeiführt, wird er zum Sterbehelfer und leistet passive Sterbehilfe. Im Deutschen wird dementsprechend auch von Sterbenlassen gesprochen. Eine zentrale Rolle für die Regulierung der passiven Sterbehilfe und die Begrenzung medizinischer Therapien spielen die sogenannten Patientenverfügungen, welche in den letzten Jahren europaweit etabliert wurden. Sie erlauben es Patienten, vorab schriftlich oder mündlich festzulegen, welche medizinischen Behandlungen sie für sich ausschließen, wenn sie nicht mehr bei Bewusstsein sind oder ihre geistigen Fähigkeiten eingeschränkt sind. Durch dieses Instrument wird nicht nur die Patientenautonomie gestärkt, sondern die Rechtssicherheit der behandelnden Ärzte gewahrt.

Bei den anderen Formen der Sterbehilfe handelt es sich dahingegen nicht zwangsweise um einen Patienten, der in ärztlicher Behandlung ist und bereit ist, seinem Leben ein Ende zu setzen. Die Sterbehilfe erfolgt unabhängig vom Gesundheitszustand des Sterbewilligen. Beim assistierten Suizid besteht die Hilfeleistung allein aus der Bereitstellung eines Tötungsmittels. Den Tod vollstreckt der Sterbewillige selbstständig, so dass es sich schlussendlich um einen Selbstmord handelt. Das bekannteste Land, welches den assistierten Suizid erlaubt und die In-

C. Preidel, *Sterbehilfepolitik in Deutschland,* essentials,
DOI 10.1007/978-3-658-10371-2_2

frastruktur für das Angebot aufweist, ist die Schweiz. Hier haben sich die Vereine *Dignitas* und *EXIT* etabliert, welche Personen beim Freitod begleiten, indem sie eine eingehende Prüfung des Sterbewillens und eine Beratung vornehmen sowie die Kontakte zu Ärzten herstellen, welche das Rezept für das todesbringende Medikament ausstellen.

Im Unterschied zum assistierten Suizid sieht die aktive Sterbehilfe vor, dass der Sterbehelfer aktiv die gewünschte Tötung durchführt, indem er beispielsweise die tödliche Dosis eines Sedativums direkt verabreicht. Der Sterbehelfer tötet somit den Sterbewilligen. Sowohl die Niederlande, als auch Belgien erlauben seit Anfang der 2000er Jahre diese Form der Sterbehilfe, wobei allein Ärzte als Sterbehelfer handeln können. Belgien weist dabei die liberalste Regulierung auf. Nicht allein Patienten, welche physische Leiden haben und als unheilbar gelten, können nach eingehender Beratung ihren Arzt um einen sogenannten „sanften Tod“ bitten, sondern auch Personen, die als schwer erkrankt eingestuft werden oder psychische Leiden haben. Darüber hinaus steht seit 2014 dieses Recht sowohl Erwachsenen, als auch Kindern zu. Dies ist im europäischen und außereuropäischen Kontext singulär.

Neben der passiven und aktiven Sterbehilfe sowie dem assistierten Suizid, die im Fokus des vorliegenden Essentials liegen, werden teilweise die Palliativmedizin und die Sterbebegleitung in Hospizen unter den Begriff der Sterbehilfe gefasst. Dabei handelt es sich nicht um die reine Schmerztherapie für Patienten, die unheilbar erkrankt sind und nur noch eine geringe Lebenserwartung haben. Darüber hinaus wird auf physische und psychische Leiden sowie die spirituellen Wünsche des Sterbenden am Ende seines Lebens eingegangen und sein näheres soziales Umfeld miteinbezogen (Borasio und Volkenandt 2007).

3 Die Debatte zur Erlaubnis der Sterbehilfe

Die gesellschaftliche wie auch politische Debatte über die Legalisierung der Sterbehilfe in Deutschland berührt verschiedene Aspekte. So schürt das Thema nicht allein die Bedenken vor einem Dammbruch, wonach durch die Erlaubnis der Sterbehilfe die gesetzlichen Grundlagen gelegt werden, den Mord zu entkriminalisieren und ihm seine Illegalität zu nehmen, sondern es entfacht auch eine vielschichtige Debatte zwischen Verfechtern des Lebensschutzes, der persönlichen Autonomie am Lebensende und des ärztlichen Heilungsauftrags. Gleichzeitig fließen in die deutsche Diskussion die NS-Vergangenheit und immer mehr ökonomische Argumente mit ein.

Selbstbestimmungsrecht

Im Kern des Konflikts steht das individuelle Freiheitsrecht, autonom über den Verlauf und die Gestaltung des eigenen Lebens zu bestimmen. Dieses Grundrecht ist u. a. in Art. 2 Abs. 1 des deutschen Grundgesetz verankert: „Jeder hat das Recht auf die freie Entfaltung seiner Persönlichkeit, soweit er nicht die Rechte anderer verletzt und nicht gegen die verfassungsmäßige Ordnung oder gegen das Sittengesetz verstößt". Damit ist der Staat dazu aufgerufen, die Entscheidungs- und Handlungssouveränität der Bürger zu wahren, zu fördern und Verletzungen zu sanktionieren. Das persönliche Selbstbestimmungsrecht fußt auf dem Prinzip der Menschenwürde – ein Gedanke, der sich auf die Zeit der Aufklärung und insbesondere auf Immanuel Kant zurückführen lässt. Demnach kommt dem Menschen grundsätzlich eine Würde zu, da er imstande ist, sich seines Verstandes zu bedienen und sittlich zu handeln. In der Folge ist es unwürdig, einen Menschen seiner Autonomie zu berauben und ihn fremd zu bestimmen (Kreß 2007).

In der Medizinethik verfestigt sich das Selbstbestimmungsrecht in der Maxime der Patientenautonomie, welche dem Patienten garantiert, autonom die eigene medizinische Behandlung zu bestimmen. Er hat das Recht, über das ärztliche

C. Preidel, *Sterbehilfepolitik in Deutschland,* essentials,
DOI 10.1007/978-3-658-10371-2_3

Vorgehen umfassend informiert zu werden und auf dieser Grundlage zu entscheiden, inwieweit er sich der Behandlung unterzieht. Durch die wachsenden medizinischen Möglichkeiten, menschliches Leben zu erhalten, wird das Leitbild der Patientenautonomie ein zentraler Faktor für das Sterben. Die technischen Errungenschaften in der Intensivmedizin sowie die Fortschritte in der Entwicklung von Medikamenten haben dazu geführt, dass das menschliche Leben nicht plötzlich endet, sondern verlängert wird, wobei die Qualität dessen zur Frage steht. Darüber hinaus ist der Sterbeprozess zunehmend fremdbestimmt. Die lebenserhaltenden Maßnahmen ermöglichen es, den Tod zeitlich aufzuhalten und hinauszuzögern, während der Sterbende zunehmend an motorischen und geistigen Fähigkeiten verliert, selbstbestimmt in die medizinische Behandlung einzugreifen und seine Wünsche gegenüber den behandelnden Ärzten zu äußern (Kreß 2007).

Der Wert menschlichen Lebens

Die Würde des Menschen spielt in der Debatte über die Sterbehilfe jedoch eine komplexe Rolle. Denn es geht hierbei nicht nur um die Entscheidungsautonomie des Menschen, deren Einschränkung als unwürdig gilt, sondern auch um die Frage, welchem Wert das menschliche Leben hat und ab welchem gesundheitlichen Zustand es nicht mehr würdig ist. Basierend auf dem christlichen Weltbild besitzt das menschliche Leben einen inhärenten Wert, welcher es nicht erlaubt, diesem vorsätzlich ein Ende zu setzen. Der Körper gilt als ein Geschenk Gottes. Auf Grund dessen besitzt der Mensch nicht das Recht, frei über den Beginn und das Ende seines Lebens zu entscheiden. Dieser Auffassung nach hat jedes menschliche Leben – unabhängig von den motorischen und geistigen Fähigkeiten sowie den physischen und psychischen Leiden – nicht nur eine Daseinsberechtigung, sondern auch einen höheren Wert als der Tod (Payk 2009).

Demgegenüber steht jedoch der Standpunkt, dass die Würde des menschlichen Lebens limitiert ist. Demnach wird ein Leben unwürdig, sobald man nicht mehr zurechnungsfähig ist und auf andere angewiesen ist. In der deutschen Debatte wurde dieses Argument durch den ehemaligen Intendanten des Mitteldeutschen Rundfunks Udo Reiter (2013) geprägt, welcher in der Öffentlichkeit bekannt gab, dass er nicht als Pflegefall enden möchte, sondern selbstbestimmt entscheiden möchte, wann sein Leben ein Ende nimmt.

Ärztlicher Heilungsauftrag

Die Auseinandersetzung zur Legalisierung der Sterbehilfe stellt darüber hinaus den ärztlichen Heilungsauftrag in Frage. Die ärztliche Ethik basiert auf dem Hippokratischen Eid, der über 2000 Jahre alt ist und der noch heute als Grundlage für das Ärztegelöbnis dient. Er definiert u. a. den Fürsorgeauftrag des Arztes, wonach er dazu verpflichtet ist, das Leben seines Patienten mit dem ihm zur Verfügung stehenden Wissen und den vorhandenen Mitteln zu erhalten, ihn zu heilen und ihn nicht vorsätzlich zu töten. Ziel des Gelöbnisses ist es, ein Vertrauensverhältnis zwischen Patient und Arzt zu ermöglichen. Dieses ist unabdingbar, da sich der Patient der medizinischen Behandlung und dem Sachverstand des behandelnden Arztes ausliefert und dabei sowohl die Scham, als auch die Schutzgrenzen überschritten werden. In der Debatte über die ärztliche Assistenz im Sterben steht dieser Fürsorgeethik das Prinzip der Patientenautonomie gegenüber, das sich erst in der Moderne etabliert hat (Kreß 2007; Bein und Graf 2012).

Das nationalsozialistische Erbe

Ein zentraler Auslöser für die lange Tabuisierung der Sterbehilfe in Deutschland ist das Euthanasieprogramm, welches unter dem nationalsozialistischen Regime durchgeführt wurde. Es richtete sich zunächst gegen Kinder, die geistig oder körperlich behindert waren und deren Geburt durch die Ärzte und Krankenhäuser gemeldet werden musste. Ihr Leben wurde als lebensunwert definiert. Später wurde die Euthanasie auf Erwachsene erweitert. Diesem Verbrechen, das der Rassenhygiene diente, fielen über 100.000 Menschen zum Opfer. Während man in den ersten Jahren den Tod durch Vergasung herbeiführte, veränderte man 1941 das Vorgehen und tötete die Bewohner von Pflege- und Behinderteneinrichtungen durch eine eingeschränkte Nahrungszufuhr oder die Verabreichung von Sedativa (Fittkau und Gehring 2008).

Diese Ereignisse haben bewirkt, dass das Wort Euthanasie im deutschen Sprachgebrauch nicht verwendet wird, um die Assistenz beim Tod zu beschreiben. Man spricht allein von Sterbehilfe. Das nationalsozialistische Erbe nimmt darüber hinaus in der Diskussion über die Regulierung der verschiedenen Formen der Sterbehilfe einen besonderen Stellenwert ein. Zwar unterliegt das Thema nicht mehr einen vollkommen Tabu, die Gegner einer Liberalisierung ermahnen jedoch immer, dass die Historie zeigt, dass eine permissive Ausgestaltung der Rechte von Sterbewilligen nicht nur die persönliche Autonomie stärkt (Preidel und Nebel 2015).

Ökonomische Interessen

Es sind jedoch nicht allein einzelne Moralvorstellungen, welche die Auseinandersetzung über die Legitimität von Sterbehilfe prägen. Gleichzeitig bleiben in der Debatte ökonomische Argumente nicht unerwähnt. Einhergehend mit der wachsenden Lebenserwartung und dem medizinischen Fortschritt steigen die gesamtgesellschaftliche Nachfrage und die Kosten für Pflege und medizinische Behandlungen kontinuierlich an. Dies stellt eine Belastung für die sozialen Sicherungssysteme dar. Eine Option, den wachsenden Kostenaufwand einzudämmen, ist die Legalisierung der freiwilligen Sterbehilfe (Preidel und Nebel 2015).

Konservative Kräfte wenden sich dagegen, den Sterbeprozess aus einer wirtschaftlichen Perspektive zu betrachten. Sie kritisieren nicht nur den Standpunkt, die Sterbehilfe als kostensenkendes Instrument zu definieren, sondern auch die zunehmende Kommerzialisierung des Sterbeprozesses. Hierbei geht es um die Frage, inwieweit der Sterbehelfer für seine Assistenz entlohnt wird, seinen Dienst gewerbsmäßig anbieten und bewerben darf (Preidel und Nebel 2015). An dieser Stelle driftet die Diskussion in einen Wertekonflikt, indem es zu klären gilt, inwieweit der sterbende Mensch durch eine Freigabe der Sterbehilfe zum Objekt wirtschaftlicher Überlegungen wird.

Sterbehilfe in Europa 4

Abbildung 4.1 gibt einen Überblick über die Reformentwicklungen in der Sterbehilfepolitik in Europa seit 1960. Während auf der horizontalen Achse die vergangenen fünf Jahrzehnte abgetragen sind, ordnen sich auf der vertikalen Achse die vier verschiedenen Regulierungsansätze „Totalverbot", „passive Sterbehilfe", „assistierter Suizid" und „aktive Sterbehilfe" an. Von den drei verschiedenen Typen der Sterbehilfe stellt die passive Sterbehilfe die Form dar, welche die geringste Reichweite hat. Davon zu unterscheiden ist der assistierte Suizid, welcher eine aktive Handlung des Sterbewilligen erfordert. Bei der aktiven Sterbehilfe ist die assistierende Person auch bei der Einnahme der todesbringenden Dosis behilflich, daher ist dies die liberalste Form der Sterbehilfe. Wie in Deutschland ist in vielen Ländern die Sterbehilfe in den Gesetzestexten implizit reguliert – in erster Linie in den Tötungstatbeständen des Strafrechts. So entstehen rechtliche Grauzonen, deren konkrete Ausgestaltung und Interpretation Dritten überlassen wird. Dazu zählen die Ärzteschaft oder die nationalen Gerichte. Die zentrale Grundlage der Regulierung sind dabei die nationalen Strafgesetze, die sich mit den Tatbeständen des Mordes und Selbstmordes befassen (Preidel und Knill 2015; Euchner und Preidel 2014).

Betrachtet man die nationalen Reformbewegungen seit 1960 wird deutlich, dass sich die europäische Sterbehilfepolitik im Vergleich zu anderen moralpolitischen Feldern nur geringfügig gewandelt hat. Zwar zeichnet sich wie in der Regulierung des Schwangerschaftsabbruchs und der Anerkennung gleichgeschlechtlicher Partnerschaften ein Liberalisierungstrend ab (Budde und Heichel 2015; Preidel 2015; Budde 2015), dieser setzt jedoch vergleichsweise spät ein, sodass das Bild von Stagnation und von einer relativ restriktiven Regulierung geprägt ist.

In den 1960er bis in die 1980er Jahre war Sterbehilfe in Deutschland, wie auch in der Mehrheit der europäischen Staaten, vollkommen verboten und mit hohen

C. Preidel, *Sterbehilfepolitik in Deutschland,* essentials,
DOI 10.1007/978-3-658-10371-2_4

	1960	1970	1980	1990	2000	2010
Aktive Sterbehilfe						NL BE
Assistierter Suizid	SE CH	SE CH	SE CH	SE CH	SE CH	SE CH
Passive Sterbehilfe	NL IE	NL IE	PT NL IE ES	PT NL IE ES	PT NL IE GR GB FI ES DK	**DE** PT NO IE GR GB FR FI ES DK AT
Totalverbot	**DE** PT NO IT GR GB FI FR ES DK BE AT	**DE** PT NO IT GR GB FI FR ES DK BE AT	**DE** NO IT GR GB FI FR DK BE AT	**DE** NO IT GR GB FI FR DK BE AT	**DE** NO IT FR BE AT	IT

Abb. 4.1 Europäischer Regulierungstrend (1960–2010). (*Anmerkungen*: Deutschland (DE) jeweils fett gedruckt. (Datenquelle: MORAPOL)

Strafen belegt. Ein Verstoß konnte beispielsweise in Frankreich *de jure* sogar die Todesstrafe zur Folge haben. In Deutschland hatte man damals eine lebenslange Gefängnisstrafe zu fürchten, unterstütze man aktiv eine Person dabei, ihren Todeswunsch umzusetzen. Jedoch sahen nicht alle Länder in der Nachkriegszeit ein vollkommenes Sterbehilfeverbot vor. In den Niederlanden und Irland gab man schon damals einem im Sterben liegenden Patienten das Recht, die medizinische Behandlung auf eigenen Wunsch abzubrechen. Dies wurde dadurch gewährleistet, dass die nationalen Verfassungen das Prinzip der Patientenautonomie sicherstellten. Dem Patienten stand das Grundrecht zu, unabhängig vom Heilungsauftrag der Ärzteschaft jegliche medizinische Behandlung zu beenden. In der Schweiz und in Schweden gestand man bereits vor 1960 den Bürgern zwar nicht zu, passive Sterbehilfe durchzuführen, aber Unterstützung für einen Selbstmord zu erhalten. Nach Schweizer Recht besitzen Privatpersonen und Ärzte das Recht beim Suizid zu assistieren, wobei vorausgesetzt ist, dass sie nicht aus Eigeninteressen heraus handeln. In Schweden ist es Ärzten dahingegen verboten als Sterbehelfer zu fungieren.

Die Stabilität der europäischen Sterbehilfepolitik brach in den 1970er Jahren und insbesondere nach 1990 auf. So folgten Mitte der 1970er Jahre Spanien und Portugal den Niederlanden und Irland, indem sie in ihren Verfassungen das Prinzip der Patientenautonomie festschrieben und damit die gesetzliche Grundlage für die passive Sterbehilfe legten. Diese Verfassungsänderung geschah im Zuge des Regimewechsels, den beide Länder nach Sturz der spanischen Franco-Diktatur und des portugiesischen *Estado Novo* vollzogen. Detaillierte Richtlinien zu einer Therapiebeendigung für sterbewillige Patienten bestanden bis dahin jedoch in keinem der vier Länder.

Es dauerte weitere zwanzig Jahre bis die Sterbehilfe expliziter reguliert wurde. Wie Deutschland waren auch die anderen Staaten mit Entwicklungen konfrontiert, die Handlungsdruck erzeugten. Die Fortschritte in der Intensivmedizin und der demographische Wandel erhöhten die Zahl von Patienten, die mithilfe medizinischer Behandlungsmethoden am Leben erhalten werden konnten. Diese Entwicklung stellt Ärzte und die Gesellschaft vor die Frage, wie lange menschliches Leben künstlich erhalten werden soll und inwieweit diese Behandlung menschenwürdig ist. Diese Entscheidung wird insbesondere dann zur Herausforderung, wenn der Patient nicht mehr bei Bewusstsein ist und nicht seinen Willen äußern kann. Als Reaktion darauf begannen die europäischen Länder Rechtssicherheit für die Patienten, Ärzte und Familienangehörigen zu schaffen. Die passive Sterbehilfe wurde zugelassen und im Detail reguliert, zumeist durch die Etablierung von Patientenverfügungen. Die Anführer dieser Reformwelle der 1990er Jahre waren Dänemark, die Niederlande, Großbritannien und Finnland. In den 2000er Jahren folgten ihnen Norwegen, Frankreich, Österreich und Deutschland. Je nach den gesetzlichen Bestimmungen erhielten Patienten das Recht, vorab schriftlich oder auch mündlich zu definieren, welchen medizinischen Behandlungen sie nicht unterzogen werden wollen, wenn sie ihren eigenen Willen nicht mehr äußern konnten. Damit wurden die Patientenrechte gegenüber der Ärzteschaft gestärkt und für die behandelnden Ärzte die Rechtssicherheit erhöht.

Die Niederlande und Belgien gingen zu Beginn der 2000er Jahre sogar einen Schritt weiter, indem sie die aktive Sterbehilfe erlaubten. In beiden Ländern wurden Gesetze verabschiedet, die es sterbewilligen Patienten erlauben, ihren Arzt zu bitten, sie mit einer tödlichen Dosis an Medikamenten zu töten. In den Niederlanden kommt dieses Recht jedoch nur Personen zu, die physisch erkrankt sind und deren Zustand als unheilbar gilt. Im Nachbarland Belgien ist die Gesetzeslage noch permissiver. So dürfen Patienten ihren Arzt dazu auffordern, ihnen aktive Sterbehilfe zu leisten, falls sie physisch oder physisch schwer erkrankt sind. Dieses Recht haben sie, auch wenn eine Genesung nicht ausgeschlossen werden kann. Hinzukommt, dass seit 2014 bereits Minderjährige mit dem Einverständnis ihrer Eltern Anspruch haben, um Sterbehilfe zu bitten. Generell unterliegt in beiden Ländern die Durchführung strengen Auflagen, die sich u. a. auf die vorherige Beratung des Patienten und Dokumentationspflichten des Arztes beziehen.

Im europäischen Kontext hält allein Italien weiterhin am Totalverbot der Sterbehilfe fest. Die Patientenautonomie ist in dem südeuropäischen Staat weitreichend eingeschränkt. Selbst der in den 2000er Jahren öffentlich intensiv diskutierte Fall der Komapatientin Eluana Englaro führte nicht zu einer Liberalisierung der passiven Sterbehilfe. Die damalige Regierung setzte sich vielmehr dafür ein, die Rechte zur Therapiebeendigung explizit gesetzlich einzuschränken. Allein über den gerichtlichen Weg konnte der Vater der Patientin eine Beendigung der medizinischen Behandlung durchsetzen (Payk 2009; Moratti 2008).

Betrachtet man Deutschland im Vergleich zu den anderen europäischen Staaten wird zum einen deutlich, dass es seit 1960 eher eine geringe Liberalisierung der Sterbehilfepolitik vollzogen hat. Zum anderen kristallisiert sich heraus, dass die deutsche Politik 2009 relativ spät dem generellen Trend folgte, die passive Sterbehilfe zu erlauben. Das folgende Kapitel skizziert die deutsche Regulierungsgeschichte und geht auf den Reformprozess in den 2000er Jahre im Detail ein.

5 Die deutsche Regulierungsgeschichte

Seit ihrer Verrechtlichung im Zuge der Reichsgründung Ende des 19. Jahrhunderts war die Sterbehilfe in Deutschland generell verboten. Immer wieder gab es verschiedene Stimmen für eine Zulassung unter bestimmten Umständen. Insbesondere ab 1900 meldeten sich auch Wissenschaftler, die unter eugenischen, ökonomischen und selbstbestimmenden Aspekten die Sterbehilfe für geboten hielten. Das Verbot blieb aber weiterhin bestehen, auch wenn während der NS-Zeit unter dem Begriff der „Euthanasie" aktiv behinderte Menschen getötet wurden. Nach dem Zweiten Weltkrieg wurden der assistierte Suizid und die passive Sterbehilfe im Vergleich zur aktiven Sterbehilfe nicht direkt im Strafgesetzbuch (StGB) als Strafbestand benannt, aber indirekt unter Strafe gestellt. So „ist die Beihilfe zum Suizid [nach geltendem Recht noch heute] straflos, da auch der (versuchte) Suizid selbst keine strafbare Handlung darstellt" (Schöch 2007, S. 958). Erst durch die darauf folgende unterlassene Hilfeleistung (§ 323c StGB) macht sich der Helfende strafbar. Um sich diesem Vorwurf nicht auszusetzen, geben die Helfenden daher bei den Ermittlungsbehörden oft an, den Ort z. B. nach der Bereitstellung des tödlichen Medikaments verlassen zu haben. Bei der passiven Sterbehilfe handelt es sich um ein Tötungsdelikt gemäß § 212 StGB, da der Arzt den Erfolg einer Heilung abwendet und seiner Garantenpflicht somit nicht nachkommt (§ 13 StGB).

Der lange Weg zur Einführung von Patientenverfügungen

Lange Zeit gab es keine Veranlassung, das Verbot der Sterbehilfe aufzuheben oder die implizite Regulierung der Beihilfe zum Suizid und der passiven Sterbehilfe zu konkretisieren. Aufgrund der nationalsozialistischen Vergangenheit wurden das Thema und das Vokabular tabuisiert (Fittkau und Gehring 2008). Zu einer ersten Diskussion, welche über die juristischen Zirkel hinausging, kam es erst um 1980. Zunächst war das zentrale Thema die passive Sterbehilfe. Durch die Entwicklun-

C. Preidel, *Sterbehilfepolitik in Deutschland,* essentials,
DOI 10.1007/978-3-658-10371-2_5

gen in der Intensivmedizin waren Ärzte gehäuft mit der heiklen Situation konfrontiert, einen sterbenskranken Patienten künstlich am Leben zu erhalten, ohne zu wissen, ob dies in dessen Interesse ist. Da die Politik nicht reagierte und keine eindeutigen Regeln etablierte, definierte 1979 erstmals die Bundesärztekammer Standards für die Anwendung von lebensverlängernden Maßnahmen und sprach sich für ein klares Verbot der Sterbehilfe aus.[1] 1985 wurde das Thema auch zum ersten Mal im Deutschen Bundestag diskutiert: Der Justizausschuss lud zu einer Expertenanhörung ein und einigte sich darauf, von einer Reformierung der Sterbehilfepolitik abzusehen (Benzenhöfer 2009).

In Ermangelung politischer Entscheidungen gewannen Gerichtsentscheide zu Fällen, in denen Sterbehilfe durchgeführt wurde, an Bedeutung. Wegweisend war der „Kemptner Fall" Anfang der 1990er Jahre: Angeklagt waren der Betreuer und der Arzt einer Wachkomapatientin, die künstlich ernährt wurde. Sie hatten ohne die Einwilligung des Betreuungsgerichts das Pflegepersonal der Patientin gebeten, die Ernährung auf Tee umzustellen, um den Sterbeprozess einzuleiten. Die Pfleger hatten sich darauf an das Betreuungsgericht gewendet, welches dazu aufforderte, die künstliche Ernährung fortzuführen. Während das Kemptner Landgericht den Arzt und den Betreuer der Patientin des versuchten Todschlags anklagte, da die Patientin nicht im Sterben gelegen hätte, revidierte der Bundesgerichtshof (BGH) dieses Urteil und sprach die Angeklagten frei. Denn an Hand von Zeugenaussagen konnte festgestellt werden, dass das Handeln des Arztes und des Betreuers den Interessen der Patientin entsprach. Der BGH definierte damit in letzter Instanz den mutmaßlichen Patientenwillen als ausschlaggebendes Kriterium, um eine lebensverlängernde medizinische Behandlung zu beenden und somit passive Sterbehilfe durchzuführen (Benzenhöfer 2009).[2]

Es entstand die Idee, dass der Patient anhand einer schriftlichen oder mündlichen Patientenverfügung seinen Willen festhält, an der sich der Arzt orientieren muss. Die Bundesärztekammer äußerte zunächst Bedenken gegenüber diesen Verfügungen,[3] änderte allerdings ihre Haltung wenig später.[4] In den folgenden Jahren führten jedoch unterschiedlich lautende Gerichtsentscheide, verschiedene Versionen von Patientenverfügungen, die keine rechtliche Grundlage hatten sowie die

[1] Bundesärztekammer (1979) Richtlinien für die Sterbehilfe. Dtsch Arztebl 76(14): 957–960.

[2] BGH, 13.09.1994 – 1 StR 357/94.

[3] Bundesärztekammer (1993) Richtlinien der Bundesärztekammer für die Sterbebegleitung. Dtsch Arztebl 90(37):A2404-A2426.

[4] Bundesärztekammer (1998) Grundsätze der Bundesärztekammer zur ärztlichen Sterbebegleitung. Dtsch Arztebl 95(39):A–2366/B–2022/C–1898.

gleichzeitige Passivität des Gesetzgebers zu einem Rechtschaos und zu Verunsicherungen in Bevölkerung und Ärzteschaft.[5]

Nachdem 2003 der BGH nochmals ein Urteil zur passiven Sterbehilfe gesprochen und darin die Rolle der Patientenverfügung gestärkt hatte,[6] sah sich die Politik aufgefordert, aktiv zu werden, die Grauzone zur Geltung von Patientenverfügung zu beseitigen und eine gesetzliche Basis für die passive Sterbehilfe zu schaffen. Eine erste breite politische Debatte begann unter der Koalitionsregierung aus der Sozialdemokratischen Partei Deutschlands (SPD) und dem Bündnis90/Die Grünen, die von 1998 bis 2005 im Amt war. Während dieser Zeit befasste sich der Bundestag mit dem Thema insbesondere in der Enquete-Kommission „Ethik und Recht der modernen Medizin", die 2003 eingesetzt wurde. Neben dreizehn Abgeordneten gehörten der Arbeitsgruppe dreizehn Sachverständige an, die über keinen Parlamentssitz verfügten, aber als volles Mitglied zählten.[7] Unter ihnen waren Ärzte, Theologen und Juristen. Parallel dazu setzte die Bundesregierung die Expertenkommission „Patientenautonomie am Lebensende" unter der Leitung von Klaus Kutzer, Richter a. D. am BGH, ein. In dem Gremium waren u. a. Richter, die Ärzteschaft und die christlichen Kirchen vertreten. Zusätzlich stellte die Fraktion der Freien Demokratischen Partei (FDP) den Antrag, dass die Bundesregierung einen Gesetzesentwurf erarbeiten sollte, der schriftlichen und mündlichen Patientenverfügungen eine rechtliche Grundlage verleiht. Zentraler Bestandteil dieser Vorlage war, dass der Gesundheitszustand des Patienten nicht ausschlaggebend für die Geltung der Verfügung ist.[8] Die Reformempfehlungen der Expertenkommission gingen in dieselbe Richtung.[9] Sie fanden allerdings im Bundestag keine Mehrheit, da sie den Abgeordneten nicht restriktiv genug waren. In der parteiübergreifenden Enquetekommission hatte man den Vorschlag erarbeitet, allein schriftliche Patientenverfügungen zu erlauben, die nur zur Geltung kommen sollte, wenn der Patient im Sterben liegt. Dem Versuch der Bundesregierung, einen Entwurf zu formulieren, welcher auf die Kritik der Parlamentarier einging, war jedoch kein Erfolg beschieden. Ausschlaggebend waren nicht nur die vorgezogenen Neuwahlen im September 2005, sondern auch die fehlende Bereitschaft der Unionsparteien, eine

[5] Bundestag-Drucksache (BT-Drs.) 15/3700.

[6] BGH, 17.03.2003 – XII ZB 2/03 (Entscheidung des 12. Zivilsenats).

[7] BT-Drs. 15/5980.

[8] BT-Drs. 15/3505.

[9] Arbeitsgruppe „Patientenautonomie am Lebensende" (2004) Patientenautonomie am Lebensende Ethische, rechtliche und medizinische Aspekte zur Bewertung von Patientenverfügungen; Bericht der Arbeitsgruppe „Patientenautonomie am Lebensende" vom 10. Juni 2004. http://www.bmjv.de/SharedDocs/Downloads/DE/ pdfs/Patientenautonomie_am_Lebensende.pdf?__blob=publicationFile. Zugegriffen: 10.04.2015.

Reform mitzutragen. Die unionsregierten Länder stellten damals eine Zweidrittelmehrheit im zustimmungspflichtigen Bundesrat und hätten gegen eine Reform Einspruch erheben können (Ärzte Zeitung 2005).

Nach den Bundestagswahlen bildeten die Christlich Demokratische Union (CDU) und die Christlich Soziale Union (CSU) zusammen mit der SPD eine Große Koalition. Die Regulierung der Patientenverfügungen wurde von der neuen Regierung[10] und dem Bundestag wieder aufgegriffen. Da die Parteien jeweils intern keinen kohärenten Standpunkt zu dem Thema finden konnten, entschieden sich die Bundestagsfraktionen, zusammenzuarbeiten und eine Gewissensentscheidung abzuhalten, um die Fraktionsdisziplin aufzuheben. Im Laufe der Legislaturperiode wurden parteiübergreifend drei Gesetzesvorschläge erarbeitet.[11] Im Jahr 2009 stimmte der Bundestag frei über die Initiativen ab und entschied sich mehrheitlich für den Entwurf, der von dem Sozialdemokraten Joachim Stünker initiiert worden war.[12] Der Bundesrat erhob keinen Einspruch gegen die Reform, sodass schriftliche Patientenverfügungen in Deutschland gesetzlich als bindend eingeführt wurden, deren Geltung nicht an die Art und das Stadium der Krankheit gebunden ist.[13]

Die neue Debatte zum assistierten Suizid

Mit der Einführung der Patientenverfügungen war die Sterbehilfedebatte jedoch nicht abgeschlossen. Ab Mitte der 2000er Jahre hatten sich Sterbehilfevereine wie die deutsche Sektion der Schweizer *Dignitas* in Deutschland gegründet, die ihren Mitgliedern Hilfe zum Suizid anbieten. Dabei nutzen sie die bestehende Grauzone im deutschen Recht zur Strafbarkeit des assistierten Suizids aus. Denn die Begleitung des Freitods ist nicht explizit verboten. Allein die unterlassene Hilfeleistung des Assistierenden definiert den Strafbestand, für den der Sterbehelfer belangt werden kann. Große Aufmerksamkeit erregten der Urologe Christian Arnold (2014), der nach eigenen Aussagen seit 2000 bereits über 200 Menschen in Deutschland beim Selbstmord half, sowie der Hamburger Arzt und ehemalige Justizminister Roger Kusch. Er assistierte 2008 einer 79jährigen Frau bei deren Suizid und machte dies öffentlich, um die rechtlichen Grenzen der Sterbehilfe in Deutschland auszuloten und den Gesetzgeber zu einer Reaktion zu provozieren (Pergande und Schmiese 2008). Diese langsame Öffnung gegenüber dem assistierten Suizid

---

[10] CDU/CSU/SPD (2005) Gemeinsam für Deutschland: Mit Mut und Menschlichkeit; Koalitionsvertrag von CDU, CSU und SPD.

[11] BT-Drs. 16/8442, 16/11360, 16/11493.

[12] BT-Plenarprotokoll 16/227, S. 25113–25127.

[13] Drittes Gesetz zur Änderung des Betreuungsrechts vom 29. Juli 2009; Änderung von § 1901a, Einfügen von § 1901b BGB (Patientenverfügung), Bundesgesetzblatt (BGBl.) I 2009, S. 2286.

innerhalb der Gesellschaft und Ärzteschaft widersprach den Leitlinien der Bundesärztekammer für die Sterbebegleitung. In ihren Grundsätzen definierte sie, dass „[d]ie Mitwirkung des Arztes bei der Selbsttötung dem (…) ärztlichen Ethos [widerspricht] und (…) strafbar sein [kann]“ (Bundesärztekammer 1998, S. 16).[14]

Aufgrund dieser Entwicklungen forderte nicht nur der *Deutsche Juristentag* eine umfassende gesetzliche Regelung der begleitenden Sterbehilfe (Müller 2005), auch in der Politik wurden verschiedene Vorstöße unternommen, den assistierten Suizid zu verbieten. Das Thema kam zunächst auf die Agenda des Bundesrates. Die christdemokratischen Regierungen Thüringens, Saarlands und Hessens legten 2006 einen Gesetzesentwurf vor, wonach die „geschäftsmäßige Vermittlung von Gelegenheiten zur Selbsttötung“ (Bundesrat Drucksache (BR-Drs.) 230/06, S. 1) strafbar sein sollte. Die rheinland-pfälzische Landesregierung folgte vier Jahre später mit einer Initiative zum Verbot der Werbung für kommerzielle Sterbehilfe.[15] Beide Entwürfe wurden jedoch nicht im Bundestag diskutiert. Mit der neuen Bundesregierung aus den Unionsparteien und der FDP, die 2009 ihr Amt antrat, wurde eine politische Entscheidung in Aussicht gestellt. Die Koalitionspartner einigten sich in ihrer Regierungszeit darauf, ein Gesetz zum Verbot der kommerziellen Sterbehilfe bzw. Beihilfe zum Suizid zu verabschieden.[16] Dies stellte bereits einen Kompromiss zwischen den Bündnispartnern dar, da die Abgeordneten der CDU/CSU-Fraktion ein vollkommenes Verbot anstrebten.

Indem es seitens der Politik jedoch keinen aktiven Vorstoß gab, reagierte wiederum die deutsche Ärztekammer durch eigene Regelungen. Bereits Anfang 2011 hatte sie ihre Grundsätze für die Sterbebegleitung entsprechend den liberaleren Positionen innerhalb der Ärzteschaft überarbeitet. Die Unterstützung eines Selbstmords durch die Bereitstellung tödlicher Substanzen wurde nun allein als eine nicht-ärztliche Aufgabe und nicht mehr als Verstoß gegen den ärztlichen Ethos definiert (Bundesärztekammer 2010, 2011a).[17] Einige Monate später wurde jedoch der Vorstand der Bundesärztekammer neu gewählt. Im Zuge des Führungswech-

[14] Bundesärztekammer (1998) Grundsätze der Bundesärztekammer zur ärztlichen Sterbebegleitung. Dtsch Arztebl 95(39): A–2366/B–2022/C–1898.

[15] BR-Drs. 149/10.

[16] CDU, CSU, FDP (2009) Wachstum. Bildung. Zusammenhalt; Koalitionsvertrag zwischen CDU, CSU und FDP. https://www.bmi.bund.de/SharedDocs/Downloads/DE/Ministerium/koalitionsvertrag.pdf?__blob=publicationFile. Zugegriffen: 10.04.2014.

[17] Bundesärztekammer (2010) Ärztliche begleiteter Suizid und aktive Sterbehilfe aus Sicht der Ärzteschaft. http://www.bundesaerztekammer.de/downloads/sterbehilfe1.pdf. Zugegriffen: 24.01.2014; Bundesärztekammer (2011a) 114. Deutscher Ärztetag. Beschlussprotokoll. Berlin, Bundesärztekammer. http://www.bundesaerzte kammer.de/downloads/114Beschlussprotokoll20110704.pdf. Zugegriffen: 14.05. 2014.

sels an der Spitze der Organisation entschied man sich auf dem Ärztetag, entgegen der Grundsätze zur Sterbebegleitung in der Berufsordnung festzulegen, dass es Ärzten generell verboten ist, dem Todeswunsch eines Patienten zu folgen und bei der Selbsttötung unterstützend tätig zu werden.[18] Diese Vorgaben haben jedoch nicht alle Länderkammern in ihre Berufsordnung mitaufgenommen. Von den 17 Kammern haben sieben, darunter Baden-Württemberg, Bayern, Berlin, Rheinland-Pfalz, Sachsen-Anhalt, Schleswig-Holstein und Westfalen-Lippe, das Verbot der Suizidhilfe übernommen. Gleichzeitig entschied das Verwaltungsgericht (VG) Berlin im März 2012, dass die Ärztekammer nicht uneingeschränkt den Ärzten untersagen kann, todbringende Medikamente Sterbewilligen zu überlassen. Die Berliner Ärztekammer hatte im Jahr 2007 einem Berliner Arzt, welcher dem Vorstand der deutschen *Dignitas* angehörte, verboten, Patienten beim Freitod zu begleiten.[19]

Auf Grund dieses Machtverlustes der Ärztekammer, den assistierten Suizid zu regulieren, wuchs der Bedarf für eine gesetzliche Regulierung. Im Sommer 2012 legte die Bundesregierung einen Gesetzentwurf zum Verbot der gewerbsmäßigen Sterbehilfe vor, den das Justizministerium erarbeitet hatte.[20] Dieser führte zu einer hitzigen Debatte bei Regierungsparteien, Ärzten und Kirchen. Der zentrale Streitpunkt war, dass der Entwurf zwar die gewerbliche oder organisierte Begleitung des Freitods verboten hätte, allerdings nicht-gewerbsmäßig handelnde Personen, wie etwa nahe Angehörige oder Ärzte, ausgenommen hätte. Damit wäre der nichtgewerblich und nicht-organisierte assistierte Suizid als legal anerkannt worden. Da keine Einigung gefunden wurde, scheiterte das Reformvorhaben.

2013 kam es zu einem Regierungswechsel. Die schwarz-gelbe Regierungskoalition wurde durch eine Große Koalition aus CDU, CSU und SPD abgelöst, welche sich vornahm, eine gesetzliche Regulierung umzusetzen.[21] Der Konflikt intensivierte sich im Zuge dessen um ein weiteres Mal. Im Sommer 2014 stellten Mediziner, Juristen und Ethiker einen Gesetzesentwurf vor, in dem sie vorschlugen, es Ärzten und nahen Angehörigen von im Sterben liegenden, erwachsenen Patienten zu erlauben, unterstützend tätig zu werden, wenn der Patient seinem Leben ein vorzeitiges Ende setzen möchte. Ein Fehlverhalten soll dahingegen mit einer Ge-

[18] Bundesärztekammer (2011b) Grundsätze der Bundesärztekammer zur ärztlichen Sterbebegleitung. Dtsch Arztebl 108(7): A346-A348.

[19] Urteil VG Berlin 9. Kammer vom 30.03.2012, AZ. 9 K 63.09.

[20] BR-Drs. 515/12; BT-Drs. 17/11126.

[21] CDU, CSU, SPD (2013) Deutschlands Zukunft gestalten; Koalitionsvertrag zwischen CDU, CSU und SPD; 18. Legislaturperiode. http://www.bundesregierung.de/Content/DE/_Anlagen/2013/2013–12–17-koalitionsvertrag.pdf;jsessionid=20E 2860D3BF69149EE7479EABA82BBAE.s1t1?__blob=publicationFile&v=2. Zugegriffen: 10.04.2014.

fängnisstrafe von bis zu 3 Jahren oder einer Geldstrafe belangt werden (Borasio 2014). Daran anschließend wurde auch im Bundestag eine erste „Orientierungsdebatte“ geführt, in der die Abgeordneten unabhängig von ihrer Fraktionszugehörigkeit ihren persönlichen Standpunkt zu dem Regulierungsgegenstand darlegen konnten. Damit wurde der Reformprozess eingeleitet, der noch im Jahr 2015 in einer Verabschiedung eines Gesetzes münden soll. So ist es der Plan, über die Parteilinien hinweg Gesetzesinitiativen zu erarbeiten, über die ohne Fraktionsdisziplin abgestimmt werden soll.

In der Plenardebatte wurde bereits deutlich, dass die Positionen der Bundestagsabgeordneten weiterhin weit auseinandergehen. Während sich eine interfraktionelle Gruppe um den christdemokratischen Abgeordneten Hintze für eine explizite Legalisierung und zivilrechtliche Regelung der Beihilfe zum Freitod aussprach, setzten sich andere Abgeordnete dafür ein, die gewerbliche, organisierte oder die wiederkehrende Unterstützung für den Suizid zu verbieten und dieses Recht allein engen Vertrauten des Sterbewilligen zuzugestehen (Hillenkamp 2015).[22]

Parallel dazu kam es zu einem Schulterschluss der Bundesärztekammer und der Landeskammern. Geschlossen stellten sie sich gegen die Legalisierung des ärztlich assistierten Suizids und eine gesetzliche Regelung der ärztlichen Rolle in dieser Thematik. Ausschlaggebend und weisend soll weiterhin die Berufsordnung sein – so der Standpunkt der Ärzte. Damit wand man sich gegen den Vorwurf, die Ärzteschaft sei intern gespalten und sehe in ihren regionalen Berufsordnungen keine einheitliche Regelung vor.[23]

Inwieweit diese Entwicklungen in eine explizite Regulierung des assistierten Suizids münden, gilt es abzuwarten. Eine politische Entscheidung ist nur mit der Unterstützung der Ärzteschaft möglich. Sie sind die zentralen Akteure in der Sterbehilfe, da sie die Medikamente für den Freitod bereitstellen. Die Sterbehilfevereine, die ebenfalls Hilfestellung anbieten, geraten darüber hinaus in jüngster Zeit in den Blick der Justiz. So wurde im Frühjahr 2014 ein Strafverfahren gegen Roger Kusch und einen ihm assistierenden Arzt eingeleitet. Sie werden beschuldigt, zwei Frauen zum Selbstmord überredet zu haben, um für ihren Verein *Sterbehilfe in Deutschland e. V.* zu werben (Tolmein 2014). Dennoch sprachen sich im Frühjahr 2015 135 führende Strafrechtler dafür aus, die bestehende Gesetzeslage unangetastet zu lassen und weder den ärztlich assistierten Suizid noch die organisierte Beihilfe zum Freitod gesetzlich zu regeln (Müller 2014).

---

[22] BT-Plenarprotokoll 18/66.

[23] Bundeärztekammer (2014) Mitteilung des Vorstands; Ärzte leisten Hilfe beim Sterben, aber nicht zum Sterben http://www.bundesaerztekammer.de/page.asp?his=3.71.11855.12511.12533&all=true. Zugegriffen: 10.04.2015.

6 Ursachenanalyse

Es überrascht, dass wir in Deutschland diese Regulierungsmuster beobachten. Mit Blick auf andere europäische Staaten würden wir eigentlich erwarten, dass die Bundesregierung in diesem Politikfeld klare Entscheidungen trifft. So wäre zu vermuten, dass aufgrund des schwerwiegenden historischen Erbes der nationalsozialistischen Vergangenheit und des Euthanasieprogramms Hitlers Sterbehilfe in der Bundesrepublik eindeutig reguliert und weitestgehend verboten wird. Jedoch sticht im Unterschied zu den anderen moralpolitischen Themen hervor, dass keine direkte und klare Regulierung durch den Gesetzgeber vorgenommen wird. Es findet keine eigenständige Politikgestaltung durch die politischen Entscheidungsträger statt, vielmehr wird diese Aufgabe an Dritte, namentlich an die Gerichte und an die Bundesärztekammer, delegiert und man begnügt sich damit, gegebenenfalls gesetzlich nachzuziehen und die Gesetzestexte nur im unvermeidbaren Umfang der Praxis anzupassen. Dies ist nicht allein dem nationalsozialistischen Erbe durch das Euthanasieprogramm Hitlers geschuldet. Hinzu kommen der geringe Organisationsgrad der Liberalisierungsbefürworter und die geringe Entscheidungsfähigkeit der Politik auf Grund der erhöhten Dichte von Vetospielern in der deutschen Sterbehilfepolitik.

Zwischen externem Handlungsdruck und nationaler Passivität

In den letzten Jahrzehnten haben ein zunehmender Problemdruck und eine steigende Nachfrage nach Sterbehilfe die deutsche Politik unter einen wachsenden Druck gesetzt, explizite Regelungen in der Sterbehilfepolitik auf den Weg zu bringen. Durch den Fortschritt der Intensivmedizin und die wachsende Alterung der deutschen Gesellschaft waren Ärzte in den letzten Jahrzehnten zunehmend vor die Frage gestellt, wie lange und wie weitreichend sie mit einer lebensverlängernden Behandlung den Sterbeprozess eines Patienten aufhalten sollen, sei es beispielsweise durch den Einsatz der Dialyse oder von Magensonden. Diese Frage war

C. Preidel, *Sterbehilfepolitik in Deutschland,* essentials,
DOI 10.1007/978-3-658-10371-2_6

insbesondere dann von zentraler Bedeutung, wenn der Patient seinen Willen nicht mehr äußern konnte und man seinen Wunsch nur vermuten konnte, z. B. durch die Einschätzung von Angehörigen. Nach der bestehenden Gesetzeslage war es für die Ärzteschaft der rechtlich sicherste Weg, keines der lebenserhaltenden Geräte abzustellen. Dieses Vorgehen war jedoch zum einen in solchen Fällen fraglich, in denen beispielweise keine Chance darauf bestand, dass der Patient je wieder das Bewusstsein erlangen würde. Zum anderen entsprach es gemäß der repräsentativen *Allgemeinen Bevölkerungsumfrage der Sozialwissenschaften* (ALLBUS) nicht der öffentlichen Meinung: Über 60 % der Befragten beurteilten zu Beginn der 1990er Jahre ärztliche Sterbehilfe nicht als verwerflich und forderten mehr Selbstbestimmung in der Frage des eigenen Todes, womit sie sich gegen das religiöse und moralische Gebot stellten, nicht zu töten (GESIS 2014).

Trotz dessen wurde das Thema erst 2002 prominent auf die politische Agenda gesetzt. Diese lang andauernde politische Tabuisierung der Sterbehilfe lässt sich darauf zurückführen, dass sich über die Jahre hinweg weder in der Gesellschaft noch in der Politik starke Interessengruppen für eine Liberalisierung formierten. Die Gruppe der Befürworter wurde zunächst allein durch die *Deutsche Gesellschaft für Humanes Sterben* vertreten, welche 1980 gegründet wurde und 1985 12.000 Mitglieder umfasste (Schneider et al. 1986). Eine Organisation, die sich gezielt gegen ein vollkommenes Verbot und für eine eindeutige Regulierung einsetzte, gab es hingegen nicht. Selbst die Bundesärztekammer als Vertreter der Ärzteschaft sprach sich lange für den Status quo und gegen eine Regulierung durch die Bundesregierung aus. Sie sah ihre standesrechtliche Regelung als ausreichend an und befürchtete, dass durch eine rechtliche Konkretisierung Rechtslücken entstehen, die dann die Sterbehilfe erst möglich machen würden (Große-Vehne 2005, S. 192)

Es fehlten jedoch nicht nur die starken außerparlamentarischen Akteure, auch im Parlament setzte sich keine der Parteien gezielt für das Verbot oder die Erlaubnis der verschiedenen Sterbehilfeformen ein, wodurch eine Politisierung des Themas gehemmt wurde. Trotz des institutionell geformten religiösen Parteikonfliktes zwischen den christlichen und gesellschaftsliberalen Kräften positionierte sich keine der Parteien eindeutig zur Sterbehilfe (Ehlert 2002, S. 85). Ausschlaggebend hierfür ist, dass deutsche Politiker in einem Zwist sind, der wachsenden Nachfrage nach Sterbehilfe mit liberalen Reformen nachzukommen und gleichzeitig dem nationalsozialistischen Erbe gerecht zu werden. Damit unterscheidet sich Deutschland von seinen Nachbarländern. Auch wenn das Euthanasieprogramm der NS-Zeit mehrere Jahrzehnte zurückliegt, „kann niemand dem Schatten der deutschen Geschichte bei diesem Thema entrinnen. Das gilt unabhängig davon, ob man Argumente, die daraus abgeleitet werden, für berechtigt hält oder nicht“

(Nationaler Ethikrat 2006, S. 37).[1] Im Vergleich zu den Niederlanden und Belgien, die ebenfalls einen Parteikonflikt zwischen christdemokratischen und säkularen Parteien aufweisen, ist das Thema Sterbehilfe aufgrund der genannten Rahmenbedingungen für den Parteiwettbewerb strategisch ungünstig, sodass man es lange Zeit nicht auf die Agenda setzte. Es gab einen stillschweigenden Konsens, die implizite Regulierung nicht anzutasten.

Auch wenn diese Faktoren eine Nicht-Politisierung und damit eine Bewahrung des Status quo begünstigten, gelangten zu Beginn der 2000er Jahre die passive Sterbehilfe und der assistierte Suizid auf die parlamentarische Agenda. Der politische Handlungsdruck hatte sich durch die permissiven Reformen in den angrenzenden Staaten Deutschlands intensiviert. Während in der Schweiz bereits seit den 1940er Jahren der assistierte Suizid zugelassen war, legalisierten u. a. im Laufe der 1990er Jahre die Niederlande, Großbritannien und Dänemark die passive Sterbehilfe. Im Laufe der 2000er Jahre erlaubten die Benelux-Staaten die aktive Sterbehilfe. Diese Entwicklungen provozierten nicht nur einen Perspektivwechsel, sondern führten auch zu einem wachsenden Sterbehilfetourismus – insbesondere in die Schweiz, in der sich 1998 der Sterbehilfeverein *Dignitas* gegründet hatte, welcher auch deutsche Mitglieder aufnahm.

Zusätzlich zu den Liberalisierungsbestrebungen in den Nachbarländern erhöhte ein wachsendes Rechtschaos den Reformbedarf. Die nicht eindeutige Regulierung der Straftatbestände und die Delegation der expliziten Regulierung an Gerichte und die Bundesärztekammer hatten schrittweise dazu geführt. In der passiven Sterbehilfe gründete diese rechtliche Unsicherheit auf der auseinander gehenden Rechtsprechung und der Fülle an Patientenverfügungen, die ab den 1990er Jahren im Umlauf waren. Bei der Beihilfe zum Suizid hatten dagegen die Etablierung von Sterbehilfevereinen, welche die rechtliche Grauzone in Deutschland nutzten, und der Vorstoß der Bundesärztekammer zum Verbot des ärztlich assistierten Suizids, welcher weder gerichtlich noch bei allen Länderkammern Anerkennung fand, den politischen Handlungsdruck erhöht. Die außerparlamentarischen Stimmen für eine explizite Regulierung wurden lauter und zahlreicher. Nicht nur der *Deutsche Juristentag*, sondern auch die Ärzte und die Sterbehilfevereine waren sich einig, dass eine neue Regulierung der Sterbehilfe notwendig war, auch wenn sie darin auseinandergingen, in welche Richtung die Reformen gehen sollten. Dementsprechend war die Politik gezwungen, die Themen auf die Agenda zu setzen.

[1] Nationaler Ethikrat (2006) Selbstbestimmung und Fürsorge am Lebensende; Stellungnahme. Nationaler Ethikrat, Berlin.

Eingeschränkte Entscheidungsfähigkeit auf der politischen Ebene

Die Entscheidungsfindung verlief generell nicht reibungslos und führte bis dato (April 2015) nur im Fall der Patientenverfügung zu einem Kompromiss. Durch die hohe Zahl an involvierten Vetospielern entstanden immer wieder Pattsituationen, die zu Nicht-Entscheidungen führten. Durch die Heterogenität innerhalb der Regierungsparteien blockierten zum einen parteipolitische Vetospieler den Reformprozess. So gelang es während der rot-grünen Regierungszeit nicht, sich auf eine gesetzliche Regelung zur Patientenverfügung zu einigen, da der Entwurf der Bundesjustizministerin Brigitte Zypries nicht die volle Unterstützung von der eigenen SPD-Fraktion im Parlament erfuhr. Auch der unter Schwarz-Gelb vorgelegte Entwurf der Bundesregierung zur Regulierung der gewerbsmäßigen Sterbehilfe fand in den eigenen Reihen keinen mehrheitlichen Zuspruch.

Zum anderen bremst nicht nur die Parteipolitik den Reformprozess, sondern auch die Regierungen der Länder nutzen ihre Stimmen im Bundesrat für eine politische Blockade. Als 2005 die christdemokratische Opposition im Bundesrat die Mehrheit stellte, konnte sie das rot-grüne Reformprojekt zu den Patientenverfügungen stoppen. Der Bundesrat wurde in der Sterbehilfepolitik jedoch nicht nur von der parlamentarischen Opposition genutzt, sondern auch von den regierungsinternen Gegnern. Bei der Regierungsinitiative, die vom FDP-geführten Justizministerium zum Verbot der kommerziellen Sterbehilfe 2012 entworfen wurde, hatte man bereits vorab die Gegenstimmen einzelner Länder antizipiert und deren Positionen in den abschließenden Gesetzesentwurf eingearbeitet. Denn diese Strafrechtsreform war zustimmungspflichtig, weshalb man den Landesregierungen ein informelles Mitspracherecht einräumte.

Neben den Parteien selbst und dem Bundesrat tritt in der Sterbehilfepolitik auch die deutsche Ärzteschaft als gesellschaftlicher Vetospieler auf. Durch ihre hohe Mitgliederzahl (rund 450.000 im Jahr 2012) und der damit verbundenen großen Mobilisierungskapazität, durch ihr gesellschaftliches Ansehen und durch den guten informellen Zugang zu den bürgerlichen Parteien (CDU, CSU und FDP) kann sie ihre Interessen geltend machen und ihnen einen besonderen Nachdruck verleihen. Die als „unüberwindlich[e] Blockade“ (Bandelow 2007, S. 272) geltende Ärztelobby vertrat lange Zeit die Position, die implizite Regulierung beizubehalten (Große-Vehne 2005, S. 192). Aufgrund der neueren Entwicklungen und dem Erstarken der Sterbehilfebefürworter setzte sie sich jüngst für ein gesetzlich klar geregeltes Verbot der organisierten und gewerblichen Sterbehilfe ein. Ihre standesrechtliche Autonomie möchte sie jedoch wahren.[2]

---

[2] Bundesärztekammer (2010) Ärztliche begleiteter Suizid und aktive Sterbehilfe aus Sicht der Ärzteschaft. http://www.bundesaerztekammer.de/downloads/ sterbehilfe1.pdf. Zugegriffen: 24. Januar 2013; Bundesärztekammer (2012) Entschließungsantrag; Verbot organisier-

Entpolitisierungsstrategien als Ausweg

Um die divergierenden Positionen der verschiedenen Vetospieler zu berücksichtigen und zu einem Kompromiss zu finden, ist es für die politischen Entscheidungsträger ein Ausweg, das heikle Thema zu entpolitisieren und damit das politische Konfliktniveau einzudämmen. Hierfür gibt es verschiedene Strategien. Zum einen können sie die Debatte auf eine andere politische Arena verschieben, indem sie beispielsweise Kommissionen einsetzen. Zum anderen können sie die Regulierung der Sterbehilfe einem anderen Akteur überlassen, wie den Gerichten oder privaten Akteuren, welche gewollt sind, sich mit ihren Steuerungskapazitäten einzubringen (Euchner und Preidel 2014). Eine dritte Option zur Entpolitisierung ist die Aufhebung der Fraktionsdisziplin für die Politikformulierung und Entscheidungsfindung. Auf diesem Wege können sich die Parlamentarier über die Parteilinien hinweg mit Gleichgesinnten in anderen Parteien zusammenschließen, Gesetzesvorschläge erarbeiten und dann über diese frei abstimmen (Heichel et al. 2015).

Alle drei Strategien finden in der Sterbehilfepolitik Anwendung, wobei die Praxis dominiert, die konkrete Regulierung an die Bundesärztekammer und die Gerichte zu delegieren. Als in den 1970er Jahren der Bedarf für passive Sterbehilfe durch den Ausbau der Intensivmedizin stieg, überließ es die Politik gezielt den Gerichten und der Bundesärztekammer dieses Feld bedarfsbedingt und fallbezogen zu steuern. Gleiches galt für den assistierten Suizid. Diese Form der politischen Steuerung verlor jedoch über die Jahre an Effizienz, was in erster Linie der sinkenden Steuerungskapazität der Ärzteschaft geschuldet war. Innerhalb der Kammer kam es zu einer wachsenden Heterogenität, welche Formen der ärztlichen Sterbehilfe legitim sind und explizit verboten werden sollten (Euchner und Preidel 2014).

Zu Beginn der 2000er Jahre war der gesetzliche Reformbedarf zu hoch, um durch Gerichte oder die Ärzteschaft ausreichend kompensiert zu werden. Dementsprechend entschied man sich zunächst unter Rot-Grün (1998–2005) das Thema der Patientenverfügung fernab des politischen Tagesgeschäfts zu diskutieren. Man setzte sowohl eine Expertenkommission als auch eine parlamentarische Enquete-Kommission ein. Die Regierung konnte aber keine Einigung erzielen, da die Positionen der Expertenkommission und die Standpunkte der institutionellen und der parteipolitischen Vetospieler zu weit auseinandergingen.

Aufgrund der ausgeprägten internen Heterogenität der großen Parteien konnte ein mehrheitsfähiges Gesetz erst verabschiedet werden, nachdem man nicht nur eine Entpolitisierung der Politikformulierung, sondern auch der Entscheidungsfindung in Betracht zog. Dies gelang durch das Instrument der Gewissensent-

ter Beihilfe zum Suizid. http://www.bundesaerztekammer.de/downloads/115._DAeT_Verbot_organisierter_Beihilfe_zum_Suizid.pdf. Zugegriffen: 24. Januar 2013.

scheidung. Die Entscheidung zur Patientenverfügung wurde als Gewissensfrage deklariert, womit man die sonst geltende Fraktionsdisziplin aufhob und den Weg für eine fraktionsübergreifende Zusammenarbeit öffnete. So konnten sich die Parlamentarier entgegen der parlamentarischen Regel in überparteilichen Gruppen zusammenschließen und Gesetzesentwürfe formulieren, über die sie ohne die Vorgabe einer Fraktionslinie frei abstimmen konnten. Für die Entscheidung zum Verbot der gewerblichen Sterbehilfe hatte die Bundesregierung aus Union und FDP im Jahr 2012 keine dieser Kompensationsstrategien angewandt, sodass das letztendliche Scheitern des Reformvorhabens nicht überrascht.

Die Passivität der deutschen Sterbehilfepolitik, gekennzeichnet durch die Delegation der Regulierung an Dritte und das langsame Nachziehen der Entscheidungsträger, bedingt sich somit nicht nur aus der historischen Erblast, welche mit den Liberalisierungsbestrebungen der Bevölkerung kollidiert und der organisatorischen Schwäche der Liberalisierungsbefürworter. Darüber hinaus ergeben sich im Entscheidungsprozess immer wieder Pattsituationen zwischen den parteipolitischen, institutionellen und gesellschaftlichen Vetospielern. Im Vergleich zu anderen Moralpolitiken können diese Hürden nicht allein durch eine Entpolitisierung der Politikformulierung überwunden werden. Es bedarf darüber hinaus auch einer Entpolitisierung der Entscheidungsfindung und politischen Steuerung.

7 Fazit

Aufgrund der nationalsozialistischen Vergangenheit war die Sterbehilfe in Deutschland lange ein Tabuthema und deren Regulierung kein politischer Gegenstand. Ansonsten hätte man sich in der jungen Bundesrepublik, deren Gesellschaft die Nazi-Verbrechen zunächst zu verdrängen versuchte, über das Für und Wider der Sterbehilfe auseinandersetzen müssen, was automatisch zu einem Rückgriff auf nationalsozialistisch überschattete Debatten geführt hätte (Große-Vehne 2005). Das in der neuen Bundesrepublik geltende Recht verbot ausdrücklich die aktive Sterbehilfe. Beim assistierten Suizid und der passiven Sterbehilfe war es jedoch weniger strikt, da es hierfür keine explizite Regelung gab. Vielmehr überließ man es Dritten, der Ärzteschaft und den Gerichten, situationsbedingt über die Rechtmäßigkeit dieser Beihilfeformen zu entscheiden. Damit stand Deutschland nicht allein. Außer der Schweiz taten sich alle europäischen Staaten lange Zeit schwer, eindeutige Regulierungen auf den Weg zu bringen oder von einem Totalverbot der Sterbehilfe abzurücken. Mit dem gesellschaftlichen Wandel und den technischen Entwicklungen wuchs in den letzten Jahrzehnten allerdings der Druck, die Sterbehilfe zu legalisieren. Während die Niederlande, Luxemburg und Belgien bereits einen radikalen politischen Wandel vollzogen und die aktive Sterbehilfe erlaubt haben, bleibt Deutschland weiterhin seinem Regulierungsansatz treu und hat durch die rechtliche Anerkennung schriftlicher Patientenverfügungen lediglich den Weg für die passive Sterbehilfe freigemacht. Reformanstrengungen zum klaren Verbot des kommerziellen assistierten Suizids und zur gesetzlichen Regelungen der ärztlichen Beihilfe beim Freitod waren bis jetzt erfolglos. Nicht nur im Ländervergleich, sondern auch mit Blick auf andere bioethische Debatten und moralpolitische Themen, wie der Regulierung des Schwangerschaftsabbruchs, der Prostitution oder der Rechte homosexueller Paare, sticht die deutsche Sterbehilfepolitik mit dieser geringen Reformaktivität hervor (Preidel 2015; Budde 2015; Euchner 2015).

C. Preidel, *Sterbehilfepolitik in Deutschland,* essentials,
DOI 10.1007/978-3-658-10371-2_7

Die Passivität der Entscheidungsträger resultiert zum einen aus der kulturellen Pattsituation Deutschlands. Zwar gibt es in der deutschen Bevölkerung eine eindeutige, gering organisierte Mehrheit für die Zulassung der Sterbehilfe, gleichzeitig belastet das nationalsozialistische Erbe die politische Reformaktivität. Die Abwägung zwischen beiden Seiten ist so heikel, dass man eine implizite Regulierung wählt, in deren Schatten Bürger Beihilfe zum Sterben bekommen können. Damit entgeht man einer klaren Positionierung gegenüber der Sterbehilfe, die im starken Widerspruch zum historischen Erbe steht. Durch die starke Heterogenität innerhalb der Parteien und zwischen den involvierten politischen Institutionen ergibt sich darüber hinaus eine hohe Zahl an Vetospielern, welche die Entscheidungsfindung blockieren und Reformen nahezu unmöglich machen. Allein eine gezielte Entpolitisierung der Politikformulierung, Entscheidungsfindung und politischen Steuerung ermöglicht es, den gesellschaftlichen Wertkonflikt zu befrieden. Dies geschah in den letzten Jahrzehnten nicht nur durch die Delegation der Regulierung an die Gerichte und die Bundesärztekammer. Im Vorfeld der Entscheidung des Bundestags für die Einführung schriftlicher Patientenverfügungen im Jahr 2009 hatte man Kommissionen eingesetzt, die fern vom politischen Tagesgeschäft eine politische Lösung gesucht hatten. Darüber hinaus wurde die abschließende Abstimmung ohne Fraktionsdisziplin als Gewissensentscheidung abgehalten, da sich die großen Parteien trotz des Handlungsdrucks nicht auf eine gemeinsame Parteilinie einigen konnten. Bei dem anschließenden Reformvorhaben der Bundesregierung von Union und FDP (2009–2013) zum Verbot der gewerblichen Sterbehilfe hatte man von einer Entpolitisierung abgesehen und scheiterte folglich. Die Große Koalition, die im Dezember 2013 ihr Amt antrat, scheint daraus gelernt zu haben. In einem neuen Anlauf möchte sie ein Verbot der organisierten Sterbehilfe durchsetzen, indem sie das Thema als Gewissensfrage behandelt.

Diese Entwicklungen machen deutlich, dass die deutsche Sterbehilfepolitik eine klassische Moralpolitik darstellt. In dem Politikfeld prallen grundlegende Wertevorstellungen aufeinander, von denen keiner der Akteure gewillt ist abzurücken, um sich auf einen Kompromiss zu einigen. Die Argumente in der Debatte sind weniger technischer oder materieller, sondern eher moralischer und emotionaler Natur. Sie beziehen sich auf die individuellen Selbstbestimmungsrechte, die Würde des Menschen, den inhärenten Wert menschlichen Lebens, das nationalsozialistische Erbe oder den ärztlichen Heilungsauftrag. Die politischen Entscheidungsträger nehmen dementsprechend von dem sensiblen Thema Abstand und die Delegation der Entscheidungsfindung und Regulierung an Dritte ermöglicht es, sich der Verantwortung zu entziehen. In jüngster Zeit lässt sich aber eine Veränderung der Sterbehilfedebatte in Deutschland beobachten. Nicht nur durch die technologischen Weiterentwicklungen in der Medizin, sondern auch durch die zunehmende Instabilität der sozialen Sicherungssysteme und der Gründung von Sterbehilfevereinen gelangen ökonomische Aspekte in die Debatte – seien es die steigenden Pflegekosten, die das Gesundheitssystem belasten, oder die gewerbliche Sterbehilfe. Betrachtet man die Entwicklungen in anderen Moralpolitiken, wie der embryonalen Stammzellforschung, der Prostitution und dem Glücksspiel, könnte dies zu einer moderaten Entmoralisierung der Diskussion führen und den Weg für eine schrittweise Liberalisierung öffnen.

Dementsprechend wird die Sterbehilfepolitik in Deutschland mit einer Eignung in Fragen des assistierten Suizides nicht an Brisanz verlieren. Weiterhin gilt es die Sterbebegleitung und Palliativmedizin auszubauen. In der aktuellen 18. Legislaturperiode ist dies ein zentrales Thema, das auch in der Diskussion zum assistierten Suizid große Aufmerksamkeit findet. Im Bundestag und in der Bundesregierung hat sich ein breiter Konsens etabliert, dass die Förderung der Schmerztherapie und der psychologischen und seelsorgerischen Begleitung am Lebensende ausgeweitet werden muss.[1] Darüber hinaus ist zu erwarten, dass die steigende Lebenserwartung, die wachsenden Pflegekosten und die weiteren medizinischen Fortschritte langfristig auch in Deutschland zu einer Diskussion über die Legalisierung der aktiven Sterbehilfe führen werden.

[1] BT-Plenarprotokoll 18/66; BT-Drs. 18/4563; Bundesministerium für Gesundheit (2015) Verbesserung der Hospiz- und Palliativversorgung in Deutschland; Meldung vom 19.032015. http://www.bmg.bund.de/ministerium/meldungen/2015/hospiz-und-palliativversorgung-in-deutschland.html. Zugegriffen: 13. April 2015.

Was sie aus diesem Essential mitnehmen können …

- Es gibt nicht nur eine Form der Sterbehilfe. Generell können wir zwischen drei Arten unterscheiden: der aktiven Sterbehilfe, der passiven Sterbehilfe und dem assistierten Suizid.
- In die politische Diskussion zur Erlaubnis der Sterbehilfe fließen ein breites Spektrum an Wertvorstellungen und ökonomischen Interessen ein.
- Blickt man auf die Reformbewegungen Europas, lässt sich eine langsame Liberalisierung seit den 1990er Jahren beobachten, wobei das Ausmaß des Politikwandels im Vergleich zu anderen Moralpolitiken gering ist.
- Deutschland ist ein Nachzügler in diesem Liberalisierungstrend. Allein 2009 wurde die passive Sterbehilfe durch die Einführung von Patientenverfügungen gesetzlich legalisiert.
- Diese Reformträgheit in der deutschen Sterbehilfepolitik ist nicht nur Resultat des nationalsozialistischen Erbes, sondern auch des geringen Organisationsgrads der Liberalisierungsbefürworter, welche die Bevölkerungsmehrheit hinter sich hat, und der erhöhten Dichte an Vetospielern im Entscheidungsprozess.

C. Preidel, *Sterbehilfepolitik in Deutschland*, essentials,
DOI 10.1007/978-3-658-10371-2

Zum Weiterlesen

Benzenhöfer U (2009) Der gute Tod?; Geschichte der Euthanasie und Sterbehilfe. Vandenhoeck & Ruprecht, Göttingen

Knill C, Heichel S, Preidel C, Nebel K (Hrsg) Moralpolitik in Deutschland. Springer, Wiesbaden

Preidel C, Knill C (2015) Euthanasia; different moves towards punitive permissiveness. In: Knill C, Adam C, Hurka S (Hrsg) On the road to permissivness? Oxford University Press, Oxford, S 79–101

Literatur

Arnold U (2014) Letzte Hilfe; Ein Plädoyer für das selbstbestimmte Sterben. Rowohlt, Reinbek

Ärzte Z (2005) Verfügung für Patienten; Union kooperiert nicht. Ärzte Zeitung Online Ausgabe Nr. 36, 28.02.2005

Bandelow NC (2007) Ärzteverbände; Niedergang eines Erfolgsmodells? In: Winter T von, Willems U (Hrsg) Interessenverbände in Deutschland. VS für Sozialwissenschaften, Wiesbaden, S 271–293

Bein T, Graf BM (2012) Ethische Fallberatung in der Intensivmedizin. Anaesthesist 61:6–13. doi:10.1007/s00101-011-1976-y

Benzenhöfer U (2009) Der gute Tod?; Geschichte der Euthanasie und Sterbehilfe. Vandenhoeck & Ruprecht, Göttingen

Borasio GD (2014) Selbstbestimmung im Sterben - Fürsorge zum Leben; Ein Gesetzesvorschlag zur Regelung des assistierten Suizids. Kohlhammer, Stuttgart

Borasio GD, Volkenandt M (2007) Palliativmedizin - weit mehr als nur Schmerztherapie. Gynäkologe 40:941–946. doi:10.1007/s00129-007-2072-x

Budde E (2015) Abtreibungspolitik in Deutschland. Springer, Wiesbaden

Budde E, Heichel S (2015) Von „So nicht!“ zu „Ja, aber …“. In: Knill C, Heichel S, Preidel C, Nebel K (Hrsg) Moralpolitik in Deutschland. Springer, Wiesbaden, S 69–87

C. Preidel, *Sterbehilfepolitik in Deutschland*, essentials,
DOI 10.1007/978-3-658-10371-2

Ehlert D (2002) Sterbehilfe aus rechtshistorischer und rechtspolitischer Sicht. In: Knopp L, Schluchter W (Hrsg) Sterbehilfe. Tabuthema im Wandel? Springer, Berlin, S 75–86

Euchner E (2015) Prostitutionspolitik in Deutschland. Springer, Wiesbaden

Euchner E, Preidel C (2014) State capacity and typical forms of moral regulation; Some insights from two extraordinary services: assisted suicide and sex work, FoJus Tagung (20.-21.11.2014), München

Fittkau L, Gehring P (2008) Zur Geschichte der Sterbehilfe. APuZ 2008/4: 25–31

GESIS (2014) ALLBUS 1980-2012; ZA4578 data file version 1.0.0. GESIS Datenarchiv, Köln

Große-Vehne V (2005) Tötung auf Verlangen (§ 216 StGB), „Euthanasie" und Sterbehilfe; Reformdiskussion und Gesetzgebung seit 1870. BWV, Berliner Wissenschafts, Berlin

Heichel S, Knill C, Preidel C, Nebel K (2015) Moralpolitik in Deutschland. In: Knill C, Heichel S, Preidel C, Nebel K (Hrsg) Moralpolitik in Deutschland. Springer, Wiesbaden, S 25–49

Hillenkamp T (2015) Du darfst; Sterbehilfe soll bleiben, wie sie ist. Frankfurter Allgemeine Zeitung 88(16.04.2015):6

Kreß H (2007) Sterbehilfe und Sterbebegleitung im Licht der Patientenautonomie. Gynäkologe 40: 960–965. doi:10.1007/s00129-007-2075-7

Moratti S (2008) Italy. In: Griffiths J, Weyers H, Adams M (Hrsg) Euthanasia and law in Europe. Hart Pub., Oxford, S 395–425

Müller R (2005) Entwurf zu Patientenverfügungen zurückgezogen. Frankfurter Allgemeine Zeitung 47(25.02.2005):6

Müller R (2014) Strafrechtler wenden sich gegen strengere Gesetze. Frankfurter Allgemeine Zeitung 87(15.04.2014):1

Oduncu FS (2005) Ärztliche Sterbehilfe im Spannungsfeld von Medizin, Ethik und Recht. MedR 23:437–445. doi:10.1007/s00350-005-1449-x

Payk TR (2009) Der beschützte Abschied; Streitfall Sterbehilfe. Kösel, München

Pergande F, Schmiese W (2008) Roger Kusch – auch strafrechtlich kaum zu fassen. Frankfurter Allgemeine Zeitung 152(02.07.2008):2

Preidel C (2015) Das zögerliche Jawort zur Homo-Ehe. In: Knill C, Heichel S, Preidel C, Nebel K (Hrsg) Moralpolitik in Deutschland. Springer, Wiesbaden, S 147–164

Preidel C, Knill C (2015) Euthanasia; different moves towards punitive permissiveness. In: Knill C, Adam C, Hurka S (Hrsg) On the road to permissivness? Oxford University, Oxford, S 79–101

Preidel C, Nebel K (2015) Last Exit Gewissensentscheidung. In: Knill C, Heichel S, Preidel C, Nebel K (Hrsg) Moralpolitik in Deutschland. Springer, Wiesbaden, S 51–68

Reiter U (2013) Gestatten, dass ich sitzen bleibe; Mein Leben. Aufbau-Verl, Berlin

Schneider V, Rossel U, Klug E (1986) Sterben nach Anleitung. In: Eisenmenger W, Liebhardt E, Schuck M (Hrsg) Medizin und Recht. Festschrift für Wolfgang Spahn. Springer, Berlin, S 491–496

Schöch H (2007) Recht der Sterbehilfe in der BRD. Gynäkologe 40:954–959. doi:10.1007/s00129-007-2074-8

Tolmein O (2014) Es wird eng für Roger Kusch. Frankfurter Allgemeine Zeitung 115(19.05.2014):12